Mit dem Dank an

Aimée

und

Birthe

Ich bin nur die Zündschnur zu den Bomben in den Köpfen anderer.

Das Leben

Muss einsam sein das Leben
Für jemand
Den die Zweisamkeit sucht

Einsam der Morgen
Der nur den eigenen Geruch
Aus den warmen Leinen lässt
Eine Tasse nur benutzt
Bleibt tagelang im Becken stehen

Und mittags einsam Essen geh'n
Die Kellnerin ist ewig schön
Warm die Wurst
Ihr Herz bleibt kalt
Worte, die im Halse stecken
Bleiben jahrelang dort liegen

Am Abend Mauern neu errichten
Und ungewollt den Tag verfluchen
Einsam nach dem Schlafe suchen
Niemals finden, niemals finden
Einsam nach der Einen suchen
Niemals finden, niemals finden

Könnten Augen Fotos machen

Könnten Augen Fotos machen
Dann wollte ich ein Bild von Dir
In Farbe, hochglanz, neun mal zwölf
Rahmenlos und sonnenwarm

Fielen Gedanken auf Papier
Dann wollte ich ein Buch mit Dir
Fester Einband, tausend Seiten
Wortlos schön und ohne Ende

Wenn Gefühle Wetter machten
Dann wollte das Jahr mit Dir
Kalter Winter, Regentage
Zeitlos heiß und heiß geliebt

Tag des Siegers

Heute ist ein Tag für Sieger
Du winkst lachend vom Podest
Genießt den Jubel und Dein Name
Erklingt aus über hundert Kehlen

Gewinnerglück, die Jubelpose
Geballte Faust gen Himmel steigt
Strahlend weiß die Zähne blitzen
Und Küsse finden Wangen wieder

Irgendwo in dunklen Ecken
Verlierer sich verstecken
Das Haupt versinkt im Tränenreich
Mittendrin und nicht dabei

Alte Spiele, alte Regeln
Verlangen oder auch Verderben
Meine Brust ist Dein Podest
Weil Liebe Krieg der Herzen ist

Herzkammer

Dunkelnasses Regenwetter
Tropfen in der Augenhöhle
Räumungsklage ausgesetzt
Herzenskammer neu geflutet

Beifall klatschen tropfenweise
Wasser in den Lungenflügeln
Blutbahnen verspäten sich
Herzenskammer gähnend leer

Ungebremste Wassermassen
Steine auf Gedankenwegen
Röhrenschnitt drei Finger tief
Herzenskammer neu vermieten

Zweifel sind

Zweifel kleine Teufel sind
Die schamlos lästern
Spöttisch grinsen
Folterknechte schicken und
Den Kopf verdreht
Und irren lassen

Zweifel kleine Geister sind
Die mit Lügenketten rasseln
Heimlich flüstern
Nachts den Schlaf in Kisten sperren
Gedanken krank
Und müde machen

Zweifel Wassertropfen sind
Die ohne Klopfen
Oder Fragen
Unmut und Zerstörung an
Die Küsten meines
Herzens schwemmen

Waldschrat und Kräuterhexe

Ein Paar, das seltsam und vertraut
Gemeinsam niemals schlafen geht
Getrennt vereint durchs Leben zieht
Sich einmal im Jahr nur sieht

Der Schrat liebt seinen Wald, die Bäume
Die Hexe stets nach Kräutern sucht
Doch eines beide tief verbindet
Das unerklärlich, unergründlich

Der Waldschrat und die Kräuterhexe
Werden wohl gemeinsam sterben
Der Tag ist noch nicht festgelegt
Vielleicht sie ewig leben werden

Geh weg

Bewegt sich nichts, weil nicht beweglich
Der Himmel grau und endlich ist
Sekunden sich zu Tagen strecken
Vögel still in Bäumen sitzen

Bewegt sich nichts, weil alles tödlich
Der Kopf so leer und einsam ist
Löcher sich in Herzen brennen
Augen starr auf nichts gerichtet

Bewegt sich nichts, weil alles sinnlos
Tage voll mit leeren Blicken
Herz zu lang im Nirgendwo
Beweg mich nicht, weil nichts bewegt

Sekunden in der Ewigkeit

Ich bitte Dich
Und sei so gut
Gib mir ein wenig Zeit
Denn wenn Du willst
Teil' ich mit Dir
Sekunden in der Ewigkeit

Ich bitte Dich
Und sei so gut
Gib mir Dein Herz mit Leid
Denn wenn Du willst
Schenke ich Dir
Schmerzen voller Heiterkeit

Ich bitte Dich
Und sei so gut
Gib mir nur eine Hand voll Neid
Denn wenn Du willst
Gebe ich Dir
Einen Satz Gleichgültigkeit

Ich bitte Dich
Und sei so gut
Gib mir nur etwas Zeit
Denn wenn ich will
Schenke ich Dir
Sekunden voll Gelassenheit

Mit der Leichtigkeit von Fliegen

Gibt Tage
Da sterben Fische
Mit der Leichtigkeit von Fliegen
Die man gestern noch als Köder
Heute aus dem Weißwein fischt

Gibt Tage
An denen Kinder
Mit der Leichtigkeit von Fliegen
Aus den Fenstern eines Hauses fallen
Die man eigentlich nur nutzt
Um klar zu sehen und nicht zu frier'n

Gibt Tage
Da können Worte
Mit der Leichtigkeit von Fliegen
Gefühle wie den Fisch tranchieren
Der Kindern an die Angel ging
Die eben noch aus Fenstern fielen

Vergangenheit

Fünf Finger hoch
Steht Flüssigkeit
Im Glas auf meinem Tisch
Und auf dem Nass
Da spiegeln sich
Die Wolken durch den Fensterblick
Wenn ich den Tisch
Bewege, stoße
Verschwimmt das Bild für kurze Zeit
Doch schon ein paar
Momente später
Hat der Spiegel wieder Festigkeit
Fast scheint es so
Wie's vorher war
Doch alles dreht und ändert sich
Die Wolken sind
Dem Wind gewichen
Und dieser weicht dem Sonnenschein
Nichts wird bleiben
Wie es ist
Denn alles dreht und ändert sich
Vergangenes
Bleibt nicht im Glas
Verdunstet wie die Flüssigkeit
Regnet aus
Gedankenwolken
Bringt wieder die Erinnerung

Brechreiz

Brechreiz. Ich wünschte, mein Herz wäre betroffen und spuckte dich aus. Auf kalte Kacheln. Irgendjemand käme mit einem Eimer und einem Tuch, um Dich aufzuwischen und schließlich den Inhalt des Eimers in die Kloschüssel zu kippen, alles herunterzuspülen. Die Kanalarbeiter wundern sich über gar nichts mehr, dort unten tummeln sich neben Ratten, exotischen Schlangen und Reptilien auch Erinnerungen, die sie vielleicht gar nicht bemerken. Mein Problem wird es nicht sein, ich arbeite über Tage. Aber dieser Brechreiz. Ich wünschte, mein Hirn wäre davon betroffen und spuckte die Gedanken aus, die Bilder, die dich zeigen. Auf Sand, in dem alles versinkt, langsam. Einiges wird an der Oberfläche bleiben, und Tage, Wochen werden vergehen, bis der Regen alles fortgespült hat. Kennte ich den Wettergott, ich bäte ihn um Regen. Oder um Schnee, der alles zudeckt, unter einem weißen Teppich versteckt, alles gleich macht, alles ebnet, und ich gehe bedächtig über das weite, weiße Feld, atme Luft ein, die nach Winter riecht. Es ist noch ein langer Weg bis zum Winter und weder Ratten, noch Regen oder Kanalarbeiter sehnen sich nach dieser kalten Jahreszeit. Aber ich. Und dieser Brechreiz. Ich wünschte, das Leben wäre infiziert und erbräche mich, damit ich aus dem Magen kann, der mich zu verdauen versucht. Ich möchte, dass du mich ausspuckst und mich jemand findet, abtrocknet und zum Glänzen bringt. Vielleicht im Winter. Oder bei Regen.

Träne

In der Träne sitze ich
Aus dem Auge, aus dem Sinn
Und als ich zu Boden falle
Zerplatzen Träume so wie ich

Auf dem Boden sitze ich
Aus der Träne, aus dem Sinn
Und als ich nach unten sehe
Fällt eine Träne vor mich hin

Die Königin

Die Königin, sie ständig spricht
Während ich am Grübeln bin
Ihre Worte stören mich
Und mein Blick schweift nachdenklich
Seh' des Nachbarn Königreich
Grauer Himmel, Wolken zieh'n
Herbstlaub, das zu Boden sinkt
Wird schon Nacht, bald Mondlicht fällt
Sternengleich mein Augenlicht
Wölfe heulen, Katzenjammer
Kommt der Tag, die Sonne bricht
Die Königin noch immer spricht
Während ich am Grübeln bin
Bemerkt nicht meinen Kummerkopf
Erzählt mir Dinge, die ich weiß
Sieht nicht, wie mein Blick sich dreht
Alles ändert, nichts steht fest
Und Gedanken töten mich
Und die Königin, sie spricht
Löscht unbemerkt mein Lebenslicht

Tag am Meer

Und während Du stetig
Am Strand Deines Herzens
Nach den Wellen der Liebe
Ausschau hältst
Setzt Ebbe ein
Und Du
Merkst es nicht

Und während Du lange
Im Schlick der Gedanken
Nach den Spuren Deines Ichs
Gesucht hast
Kam die Flut
Und Du
Ertrankst in Einsamkeit

Club der toten Dichter

Nur weil Herzblut durch die Venen fließt
Ist der Körper sicher nicht belebt
Weil der Mund die Töne von sich gibt
Ist sicher kein Poet, der spricht
Und nur weil die Hand des Schreibens mächtig
Entsteht noch lange kein Gedicht
Auch wenn der Kopf voll Wissen ist
Garantiert dies' keinen wachen Geist
Obwohl das Augenlicht noch ungetrübt
So ist mancher wohl schon immer blind

Ob jemand tot oder lebendig
Entscheidet nicht des Fleisches Zustand
Was bleibt, ist der Gedankengang
Der Ewigkeiten überdauert
Und Kraft in Menschenköpfen schafft
Wenn jemand nur mit seinen Worten
Für Ruhe und Bewegung sorgte
Anregt und Verwirrung stiftet
Gehört er zum Club der toten Dichter

Sirup bis Turkmenen

Von Sirup bis Turkmenen
Reicht mein Lexikon
Hab' nur noch diesen einen Band
Die anderen versetzt' ich schon

Doch diesen gebe ich nicht her
Denn ich muss gestehen
Bis zu diesem Tag war ich
Noch niemals in Turkmenen

Auch schätze ich den Sirup sehr
Und das ist keine Frage
Denn an einem heißen Tag
Tränk' gern ich Limonade

Die Streichwurst und die Täfelung
In diesem Band erklärt wird
Und was fing ich ohne Tierarzt an
Der Tatzenvieh kuriert

Sokrates, den kenne ich
Ich weiß um Wilhelm Tell
Doch Turnen ist mir völlig fremd
Sirtaki viel zu schnell

Von Sirup bis Turkmenen
Reicht mein ganzes Wissen
Mehr brauche ich zum Leben nicht
Will auch nicht mehr besitzen

Wie geht denn das?

Ich frag' mich ja, wie sie das macht
Bin immer wieder überrascht
Denn schließlich ist's schon Mitternacht
Und schenke ich noch Kaffee nach
Ist der noch heiß: Wie geht denn das?

Am nächsten Morgen aufgewacht
Die Sonne warm und freundlich lacht
Bin noch müde, brauche Kraft
Der Kaffee aus der Kanne, ach:
Der ist noch heiß: Wie geht denn das?

Stunden später: Nachgedacht
Wie es die Thermoskanne schafft
Zu konservier'n das heiße Nass
Denn schenkt' ich mir jetzt Kaffee nach
Dann wär' der heiß: Wie geht denn das?

Physik war nie mein bestes Fach
Des Rätsels Lösung mich doch plagt
Denke nach, am vierten Tag
Da schenke ich mir Kaffee nach
Und der ist heiß: Wie geht denn das?

Gelehrte und ein Rechtsanwalt
Erklärten mir den Sachverhalt:
Ein Vakuum im Kannenwand
Multipliziert mit Unbekannt
Ergibt die Temp'raturkonstanz

Das ist logisch und ganz klar
Doch nach einem halben Jahr
Schmeckt Kannenkaffee sonderbar
Schenke ich dann etwas nach
Dann ist er heiß: Das ist doch was

Guten Morgen

Nach langen Stunden aufgewacht,
Erst nachgedacht
Dann laut gelacht
Dann Körper und die Seele waschen
Ein bisschen Schmutz bleibt immer da

Sich kleiden und die Schuhe suchen
Gedanken finden
Und verfluchen
Etwas Nahrung zu sich nehmen
Kaffee trinken
Kacheln zählen
Und schwermütig nach draußen sehen
Katzen klettern
Winde wehen
Spucke an ein Fenster schmieren
Innen brennen
Außen frieren
Und immer wieder Wut verspüren
Erfolg versprechen
Hoffnung suchen
Und angsterfüllt den Tag beginnen

Blättere in Vergangenheiten

Blättere in Vergangenheiten
Streiche Sätze wie Gefühle
Entferne aus dem Buch die Seiten
Bevor ich weiter darin wühle

Alte Filme ohne Ton
Begleitet vom Klavier der Zeit
Das Ende kenn' ich leider schon
Verbreitet kaum Behaglichkeit

Im Radio ein altes Lied
Das ich furchtbar gerne mag
Ich sing' die Strophen lautlos mit
Wissend, dass ein Ende naht

Lange Weile

Lange Weile
Langeweile
Immer einfach
Blieb das Leben
Als ich damals bei mir war

Und sterben
Wie ein Held es muss
Und zum Zeitpunkt
Des totalen Sieges
Schmeckt nach Salz der Tränenfluss

Lange Weile
Langeweile
Denn nach mir
Wird nichts mehr sein
Nur Vergessenheit vergessen
Und immer wieder Einsamkeit

Und leben
Wie ein Eremit
Herz im Bergwerk
Schacht stürzt ein
Keine Rettung mehr für mich
Und immer wieder Einsamkeit

Lange Weile
Langeweile
Atmen wie ein Astronaut
Aus der Retorte
Kommt Gefühl
Und immer wieder Einsamkeit

Einsamkeit
Bestimmt das Handeln
Und eine
Lange Weile
Das Herz zerstört
Im Bergwerk liegt
Der Held
Gebrochen niederkniet

Langeweile
Muss wohl sein
Und immer wieder
Einsamkeit

Alles friedlich

Die Sonne scheint
Scheint alles friedlich
Und ich wünschte
Ich wär' 'ne Spinne
Die Angst in Frauenköpfe spinnt
Und Netze webt
Wo Fliegen sterben
Doch dann vom einem Kind
Zertreten wird

Die Sonne scheint
Scheint alles friedlich
Und ich wünschte
Ameise zu sein
Die bewundert für die Stärke
Arbeiter genannt
Und Hügel baut
In Häuser kriecht
Doch chemische Gewalt
Nicht überlebt

Die Sonne scheint
Scheint alles friedlich
Und ich wünschte
Arbeiter zu sein
Der am Fließband steht, alltäglich
Vater wird
Und Häuser baut
Lohn bezieht
Den Garten pflegt
Mit Kind und Frau verreist
Einfach lebt

Zeichen

Löwen beißen Fischen
Die Köpfe ab
Und nicht zu knapp
Soll keiner mehr entwischen

Löwen halten Fischen
Die Kiemen zu
Kein Atemzug
Damit sie dann ersticken

Fische beißen Löwen
Die Tatzen ab
Weil Piranhas
Keine großen Katzen mögen

Des Königs Wunsch

Wir sind nicht länger amüsiert
Sprach der König leicht pikiert
Wir sind des Regierens müde
Denn es macht uns zu viel Mühe
Wir woll'n einfach gewöhnlich sein
In einem Haus schlicht und gemein
Wir wollen mit den Fingern speisen
Woll'n das Brot alleine schneiden
Wir wünschen Nichtachtung und Ruhe
Und nicht dies' höfische Getue
Ist dieses denn zu viel verlangt?
Nein, wir befehlen es dem ganzen Land
Lasst uns nun gewöhnlich sein
Ich bin ich und ganz allein

Mein Lord, bedenkt die Folgen Eurer Tat
Des Königs Hofnarr schelmisch sprach
Sicher, es ehrt Euch der Gedankengang
Wenn Ihr Euch mischt mit jedermann
Doch wer wird Euch dann nicht beachten
Wenn im Schloss kein König wachte?
Das Volk, es rebellierte, Krieg!
Womöglich ließet Ihr das Leben, Sir
Sagt selbst: Ist dieser Wunsch es wert
Dass Ihr das Leben von Euch werft?
Zudem: Ich wag' es kaum zu sagen:
Ich wär arbeitslos an diesen Tagen
Denn ohne König keinen Hofstaat
Mein Lord, bedenkt die Folgen Eurer Tat

Der König ließ sich überreden
Nicht des werten Hofnarrs wegen
Sondern fiel ihm grad' noch ein
Dass, wenn er erstmal ganz allein
Niemand mehr dann um sich hat
Der gratulierte ihm zum Ehrentag

Des Wahnsinns Kofferträger

Bist Du des Wahnsinns Kofferträger
Dass Du es wagst, mich anzufassen
Und mich bewegst in eine Richtung
Die ich nicht kenne und nicht will
Auf dünnes Eis mich schweigend führst
Deine Hand mit meiner schmilzt
Bis Du dann loslässt
Plötzlich
Und das Eis nicht bricht
Zum Glück
Jetzt nur nicht übermütig werden
Und einen heißen Tanz beginnen
Sondern warten, bis das Eis ganz fest
Und man zu zweit drauf stehen kann

Hagenstroem

Hagenstroem ist ungewöhnlich
Auch wenn er es selbst nicht glaubt
Denn ich kenne ihn persönlich
Und auch seine Ehefrau

Hagenstroem ist disziplinlos
Liebt das Nichtstun jeden Tag
Arbeitet mal so, mal so
Weil er das einfach lieber mag

Hagenstroem ist unbeirrbar
Auch wenn er es selbst nicht glaubt
Denn ich seh' ihn jedes Jahr
Und auch seine Ehefrau

Hagenstroem ist sondergleichen
Ist ein Individuum
Und nur schwer oft zu erreichen
Denn er hat kein Telephon

Hagenstroem ist wunderbar
Auch wenn er es selbst nicht glaubt
Kann Possen reißen wie ein Narr
Über seine Ehefrau

Hagenstroem kommt ungelegen
Wenn es mir so gar nicht passt
Seine Zeitwahl ist verwegen
Oft auch erst nach Mitternacht

Hagenstroem ist unentbehrlich
Schade, dass es ihn nicht gibt
Doch das Leben wär' beschwerlich
Gäb' es kein Phantasie

Heimarbeit

Zerknittert sind
Gesicht und Hände
Faltenfrei das Herz
Geplättet ist
die Haut um dreißig
Aufgewühlt das Hirn
Gut gebaut sind
die Gedanken
Formlos das Gefühl
Zugeklebt sind
Augen, Ohren
Offen scheint die Seele
Haltbar sind
Erinnerungen
Verfault ist das Gefühl
Endlich ist
der Lebensweg
Lebens Mittel auch

Rhododendron

Von Osten eine leichte Brise
Die einen Rhododendron wiegt
Ein Vogel auf dem nassen Rasen
Wartet auf sein Würmer-Glück

Im Rosenbeet webt eine Spinne
Ihr Netz zum Fang des Morgentaus
Der glänzend, wie Geschmeide funkelt
Bis die Sonne an ihm saugt

Von Osten ziehen Wolken auf
Die wieder Regen mit sich bringen
Drei Vögel suchen flatternd Schutz
Ein Rhododendron Hilfe gibt

Das Spinnennetz ist fein gewebt
Die Künstlerin thront in der Mitte
Schaut zu, wie Fliegen es umschwirren
Auf einen dicken Brummer hofft

Von Osten fällt ein Sonnenstrahl
Auf den frischen, nassen Rasen
Ein zweiter Strahl durch Wolken bricht
Auf den Rhododendron trifft

Ein weit'rer Strahl schenkt noch mehr Licht
Erhellt den Garten sommerlich
Von Osten eine leichte Brise
Die Wolken, Regen, Sonne bringt

Angenommen

Angenommen
Ich hätte mich verliebt
Angenommen
Du wärst es
Angenommen
Ich würde es dir sagen
Na, ich weiß nicht
Vielleicht würde ich von dir nicht
Angenommen

Oktoberende

Klamme, dünne Zweigenfinger
Baumstrichlange Astgemälde
Stapelweise Blattgeraschel
Im Gelb der blassen Herbstgefahr

Milchig, dünne Nebelfarbe
Regenfades Tuschewasser
Feuchtgeklebte Erdreichkörner
Im Grau der blassen Herbstgefahr

Mundgewinkelleisten abwärts
Augenblauer Rahmenblick
Kraftzeitlose Wachgedanken
Im Kopf der blassen Herbstgefahr

Aufgewacht

Aufgewacht
Und stumm geblieben
Aufgewacht
Die Nacht im Kopf
Aufgewacht
Den Tag vor Augen
Aufgewacht
Mit leerem Hirn
Aufgewacht
Das Herz gesucht
Aufgewacht
Kaffee gekocht
Aufgewacht
Und träume noch

Seelenklempner

Es bleibt die große, bange Frage:
Geh'n Seelenklempner auf Montage?
Oder werkeln sie daheim
In ihrem stillen Kämmerlein?
Schrauben dort auch an Gedanken
Die am Kindheitstrauma kranken
Oder ziehen Hirnwindungen fest
Damit sich die Erinnerungspest
Von selbst durch Abflüsse befreit
Die der Kopf von Zeit zu Zeit
Durch ein Ventil nach draußen lässt
Wenn das nicht klappt
Noch rasch ein Test
Ob denn der Kopf auch gut trainiert
Ob man beim Nachdenken nicht friert
Und ob Pupillen weiter größer werden
Tintenkleckse sich entfärben
Dann Schluss, der Dank, das war es schon
Die Sitzung ist schon wieder um
Rechnung schreiben, freundlich lächeln
Halt, ich hab' noch eine Frage:
Geh'n Seelenklempner auf Montage?

Kre A Ti Vi Tät

Komm
Durchflute mich
Nimm mich mit
Nach irgendwo
Und lass mich dort
Für immer denkend
Schweben in Dir
Erfüllt von Dir
Gedanken springen
Der Funke fliegt
Bis Herz und Hirn
Ganz leer und faul
Ermattest mich
Zerstörst mich fast
Wenn Du gehst
Komm noch einmal
Durchflute mich

Jeden Tag

glitzerndes stanniolpapier
spiegelt die gedanken wider
und leere gläser füllt der kopf
mit ideen aus dem herzenszimmer

schmierig ist das dunkle holz
voll flecken von getaner arbeit
und leerer kopf wird aufgefüllt
mit flüssigkeit aus einem glas

weiße wand mit bildern bunt
fängt die blicke immer wieder
leer sind kopf und auch das glas
wie unerfüllt das leben auch

Schnee

Ich läge gern unter der weißen Decke. Wenn es denn warm wäre. Oder auch so wie früher, als ich Iglus baute oder mich im Schnee begrub. Es gab mehr Schnee, viel mehr Schnee. In meinem Kopf gab es damals weniger Gedanken, vielleicht gibt es da einen Zusammenhang. Vielleicht fressen Gedanken Schnee - ein natürlicher Feind. Wer weiß. Draußen taut es, im Grunde genommen war es nie wirklich kalt, ich kann den Kristallen auf meinem Balkon beim Auflösen zusehen. Ich kann den Gedanken in meinem Kopf beim Auflösen zusehen.

Von jetzt an

Will einsam sein von jetzt an
Will Dunkelheit um mich
Auf dass das Leben mir entsagt
Mich niemand will zum Freund
Hart wie Stahl sei nun mein Herz
Mag nie mehr es zerbrechen

Will einsam sein von jetzt an
Will nimmermehr die Zunge rühren
Auf dass die Stille in mich kriecht
Mir seelenlose Ruhe schenkt
Fest geklebt sei mein Gesicht
Mag nie mehr es verlieren

Will einsam sein von jetzt an
Will keinen Schritt mehr gehen
Auf dass mein Körper ewig ruht
Mich gar kein Schmerz mehr plagt
Will nichts mehr hören oder fühlen
Will einsam sein von jetzt an

Entscheidung

In einer dunklen, klaren Nacht
Scheint Licht aus ihrem Herzenszimmer
Sie hat grad' die Augen zugemacht
Um sich in ihren Schlaf zu wimmern
Da klopft es leis' an ihrer Tür
Und sie steht doch noch einmal auf

Voll unbändiger neuer Gier
Dreht sie an ihrem Türenknauf
Der quakend Einhalt ihr gebietet
Weil er weiß, was auf sie wartet
Denn der, denn sie einstmals liebte
Hat den einen Versuch gestartet
Sie mit Worten zu betören
Und ihren Schoß neu zu erobern
Sie sollte besser nicht mehr zuhör'n
Wenn seine Flammen zu hell lodern

Und wie von fremden Mächten ferngesteuert
Lässt sie die Türe fest verschlossen
Auch wenn er Ehrlichkeit beteuert
Lässt sie ihn endlos weiter pochen
Lässt sich ins warme Bette fallen
Erbricht Gedanken alt und grau
Sie wird ihm niemals mehr verfallen
Das weiß sie nun genau

Geschenk

Geh, schenke
Stern und Sonne
Geh, biete
Ewig Freundschaft
Geh, horche
Hinein in dich
Geh, fühle
Wie es so ist
Geh, suche
Sinn und Zweck
Geh, danke
Nicht für ein
Geschenk

Trotzdem

Hast gesagt, ich darf
Mein buntes Treiben weiter treiben
Konsequenzen musst Du tragen
Ob Du kannst, wird sich ja zeigen
Denn ich weig're mich beharrlich
Dich in mir vollends auszulöschen

Ob mechanisches Gerät
Deine Stimme überträgt
Oder tief in mir
Die Erinnerung sich regt
Ist nahezu egal
Kann Dich einfach nicht vergessen

Ein Stein, der bergab
Ins Rollen wird gebracht
Ist nicht einfach aufzuhalten
Und wenn ich's will
Bleib' ich ganz still
Ohne Gefühle auszuschalten

Hast bemerkt, dass ich
Mein buntes Treiben weiter treibe
Wenn auch nicht wie vorher
Offen Dir Gefühle zeige
Wird doch klar, ich weig're mich
Dich in mir vollends auszulöschen

Unbeirrt

Und wenn ich Dir sagte
Dass ich Dich liebe
Hieltest Du dann mein Herz
Fest in Deiner Hand
Ließest es niemals los
Unbeirrt von allem?

Und wenn ich Dir sagte
Es sei für immer
Hättest Du dann Gewissheit
In Deinem Herzen
Wärest beruhigt in Dir
Unbeirrt von allem?

Und wenn ich Dir sagte
Dass ich Dich liebe
Meinte ich es auch genau so
In meinem Herzen
Wissend, ich liebe Dich
Unbeirrt von allem

Frauen, die wie Katzen sind

Tagelang schon unterwegs
Kein Zeichen, dass es sie noch gibt
Egal, was soll schon groß passieren
Sie kommt gewiss zu mir zurück

Draußen ist es schneidend kalt
Kein Grund für sie zurückzukehr'n
Ist mit sich selbst auch gut zu zweit
Ein Fremdwort ist die Einsamkeit

Manchmal glaub' ich, sie zu hören
Und sehe aus dem Fenster raus
Ist nur den Wind, der lauthals bläst
Und Blätter gegen Häuser schmeißt

Frauen, die wie Katzen sind
Wünsch' ich mir so lange schon
Werd' ich niemals wohl begegnen
Weil Männer so wie Hunde sind

Herbst

Ich reihe Gedanken
wie Blätter
aneinander
und du
sprichst
vom Herbst

Mein Herz

Will mein Herz zu Deinem legen
Soll'n zu zweit ein Ganzes sein
Will Dich nimmermehr verlieren
Sollst Du niemals einsam sein
Will Dir geben, was ich habe
Gerne auch noch mehr als das
Will Dir meine Liebe schenken
Damit Du was zu fühlen hast
Will Kummer und Dir Sorgen nehmen
Sollst befreit von allem sein
Will mein Herz zu Deinem legen
Soll'n zu zweit ein Ganzes sein

Der Bauer fährt die Ernte ein

Es ist, wie es sein soll
Und dunkel die Nacht
Ein Mond bewirft dich sichelweise
Frei von dem, was dich bedrängt
Fallen Töne wie Bälle
Aus deinem Mund
Der zum Verneinen bereit
Der Bauer fährt die Ernte ein

Es ist, wie es sein soll
Und kalt der Wind
Der Baum flüstert blätterweise
Frei von dem, der dich bedrängt
Springen Gedanken
Von diesem Ast
Der im Winde sich wiegt
Der Bauer fährt die Ernte ein

Es ist, wie es sein soll
Und einsam der Mensch
Ein Körper zerfällt in Agonie
Frei von dem, was Ballast heißt
Schweben Lichter so wie Federn
Durch die klare Nacht
Die zu gehen gewillt
Der Bauer fährt die Ernte heim

Zauberhaft

Ich nehme sie
In Zauberhaft
Gefangen
Im Herz
In Gedanken
Frei und losgelöst
Bleibt sie dort
In Zauberhaft
Genieße ich
Sie immer noch
Denn sie ist
Einfach
Zauberhaft

Feenglück

Feenglück ganz zufällig
Wünsche frei
Und wunschlos glücklich
Doch die Zauberfee
Sie ist vergesslich
Macht ein Wiedersehen
Unerlässlich
Weil während sie
In stiller Hast
Mantel und den Hut gepackt
Blieb der Zauberstab zurück
Welch ein Glück
Für mich das ist

Und vielleicht
Bemerkt sie nicht
Dass der Stab abhanden ist
Denn die Fee
Sie ist vergesslich
Macht ein Treffen
Unerlässlich
Schließlich braucht das Feenstück
Ihren Zauberstab zurück
Welch ein Glück
Für mich das ist
Feenglück
Nicht zufällig

Nichts von dem

Da muss es Tage geben
An denen Stunden Fragen stellen
Und du weißt nichts von dem
Und du bleibst stumm wie immer
Wenn dich das Leben hasst
Und deine Wangen küsst

Da muss es Tage geben
An denen Tiere lautlos schreien
Und du weißt nichts von dem
Und du bleibst stumm wie immer
Weil du den Kopf verloren
Und einsam rastlos bist

Da muss es Tage geben
An denen Götter heimwärts gehen
Und du weißt nichts von dem
Und du bleibst stumm wie immer
Wer sucht dich heute Morgen
Wenn dich die Welt vermisst

Kopfrauschen

elfengleich, feenhaft
schwebt sie
durch die träume
meines kopfrauschens
erhebt sich langsam
und auch mich
auf gipfel unbekannt
kalt und warm zugleich
schweben wir
elfenhaft und feengleich

Irgendwo in Deutschland

Über mir ein Wolkenmeer
Durch dessen seichte Stellen
Manches Mal der Mond mir winkt
Mit einem trübem Bleichgesicht

Vor mir rauscht ein Zug vorbei
Der bunte deutsche Autos trägt
Und bleibt das Mondlicht einmal aus
So sind sie alle gleichsam grau

Hinter mir ein Pappplakat
Mit einem nackten Männerbauch
Der Regen macht die Pappe nass
Und das sieht wie Schwitzen aus

Neben mir steh' ich allein
Mit Händen in den Taschen
Verwirrt seh' ich mich schweigend an
Ich bin mir völlig unbekannt

Regen

Der Regen tropft
Mal laut mal leise
Und fragt mich dabei
Tröpfchenweise
Was mir alles wichtig ist
Ich antworte:
Das weiß ich nicht

Jetzt wird es stiller
Weil er denkt
Dann kommt er wieder
Tröpfchenweise
Sagt mir nass in mein Gesicht
Das tut mir leid
Doch macht es nichts

Ganz still es ist
Er ist gegangen
Die Pfützen schwinden
Tröpfchenweise
Lässt mich zurück mit wundem Kopf
Weil alles
Wieder einfach ist

Für Al,

für den das Buch zu spät kommt

Herstellung und Verlag: Books on Demand GmbH, Norderstedt
ISBN 3-8334-2569-5